August

August

Gedichte

Ausgewählt von Evelyne Polt-Heinzl
und Christine Schmidjell

Reclam

RECLAMS UNIVERSAL-BIBLIOTHEK Nr. 19118

Umschlaggestaltung: Stefan Schmid Design, Stuttgart,
unter Verwendung einer Illustration von Nikolaus Heidelbach
Gesamtherstellung: Reclam, Ditzingen. Printed in Germany 2014
RECLAM, UNIVERSAL-BIBLIOTHEK und
RECLAMS UNIVERSAL-BIBLIOTHEK sind eingetragene Marken
der Philipp Reclam jun. GmbH & Co. KG, Stuttgart
ISBN 978-3-15-019118-7
www.reclam.de

FSC
www.fsc.org
MIX
Papier aus verantwortungsvollen Quellen
FSC® C105673

Inhalt

Vorwort 11

Einfach Sommer

CHRISTOPH MECKEL
Die Sommertage 13
HELGA M. NOVAK
und wieder ein Sommer 15
URIEL BIRNBAUM
Der Sommer 16
CARL ZUCKMAYER
Petri Kettenfeier 18
ERICH KÄSTNER
Der August 18
ERNST JANDL
sommer 20
GOTTFRIED BENN
Einsamer nie – 20
EUGEN ROTH
Im August 21
NICOLAS BORN
Dienstag, 16. August 77 22
GÜNTER GRASS
Augusthimmel 23
PETER HAMMERSCHLAG
Sommerflirt 23

Urlaubszeit

KURT TUCHOLSKY
Luftveränderung 25
ALBERT EHRENSTEIN
Sommer 26
WILHELM BUSCH
Im Sommer 26
ALFRED LICHTENSTEIN
Sommerfrische 27
JOACHIM RINGELNATZ
Sommerfrische 28
ERNST JANDL
Sommer 28
NORBERT C. KASER
sommer fuer walther g. 29
CHRISTINE BUSTA
Inselsommer 30
ROBERT GERNHARDT
Marleens Sommer 31
NIKOLAUS LENAU
An den Ischler Himmel im Sommer 1838 32
HANS MAGNUS ENZENSBERGER
Der Urlaub 33
FRIEDERIKE MAYRÖCKER
im Gebirge, August 34
THEODOR STORM
August 35
PETER HAMMERSCHLAG
Der Chef in der Sauregurkenzeit 35

Hundstage

HEINER MÜLLER
Das Pferd hat kein Gewehr 37
HERMANN HESSE
Hundstage 37
ELSE LASKER-SCHÜLER
Hundstage 38
FRIEDERIKE MAYRÖCKER
der namenlose August 39
CHRISTINE LAVANT
Aus den Steinen bricht der Schweiß 40
PETER HÄRTLING
der sommer geht 41
ROSE AUSLÄNDER
100° Fahrenheit 41
CHRISTINE BUSTA
Mittag im August 42
THEODOR KRAMER
Die heißeste Stunde 43
JOSEPH VON EICHENDORFF
Treue 44
CHRISTIAN MORGENSTERN
Hochsommernacht 44
JÜRGEN BECKER
Mitte August 45
CARL ZUCKMAYER
Fülle der Zeit 45
FERDINAND VON SAAR
Nun ist das Korn geschnitten 46
HELGA M. NOVAK
August 47
URIEL BIRNBAUM
Langer Sommer 47

August-Launen

JOACHIM RINGELNATZ
Schwebende Zukunft 49
NOVALIS
Der Himmel war umzogen 50
THEODOR KRAMER
Kalter Abend im August 52
CHRISTIAN MORGENSTERN
Ebenengewitter 53
KLAUS DEMUS
Umgrauter Sommermorgen 53
HERMANN HESSE
Sommernacht 54
EUGEN ROTH
Kalter Augustmorgen 54
KLAUS GROTH
Regenlied 55
DIANA KEMPFF
Halten Sie doch noch aus 57
UNICA ZÜRN
Der Nebel im August 57

Sommersneige

WULF KIRSTEN
Balkansommer 59
THEODOR KRAMER
Nach dem Urlaub 60
GÜNTER EICH
Ende August 61
ROLF DIETER BRINKMANN
Einen jener klassischen 62

GEORG TRAKL
Sommersneige 63
HILDE DOMIN
Spätsommer 63
CHRISTINE BUSTA
Ende August vor einem Bahnhof 64
ERICH FRIED
Der Sommer geht zur Neige 64
ROSE AUSLÄNDER
Spätsommer 65
DIANA KEMPFF
Der Sommer war versengt 66
FRIEDERIKE MAYRÖCKER
August 66
MAX DAUTHENDEY
Vorm Springbrunnenstrahl 67
KARL KROLOW
Ich sehe rot 68
CHRISTIAN MORGENSTERN
Ein einunddreißigster August 69

Verzeichnis der Autorinnen und Autoren
und Druckvorlagen 71

Vorwort

August

Jenen Baum, in dessen Schatten
Du so ruhig schlummern kannst,
Den hat wohl dein Ältervater
Einst in frommem Sinn gepflanzt.
Sorge, daß dir's auch begegne,
Wenn dein Name längst entschwand,
Daß ein später Enkel segne
Dankbar deine Vaterhand.

Heinrich Hoffmann

Was *dieser* August zu bieten hat

Der August wurde so benannt, um den ersten römischen Kaiser Augustus zu ehren, und dafür – auf Kosten des Februars – sogar um einen Tag verlängert, auf dass er genauso viele Tage zähle wie der Juli, der Monat des Julius Caesar. Im Volksmund freilich blieb seine angestammte Bezeichnung »Erntemond« bis ins 19. Jahrhundert erhalten, und in den ländlichen Regionen herrscht nach wie vor Hochbetrieb, »Petri Kettenfeier« am 1. August ist hierzulande der traditionelle Auftakt für die Weizenernte.

Zumindest in unserer Vorstellung ist der August der unbeschwerteste Sommermonat, es ist »Einfach Sommer«. Die Wetterirritationen beschränken sich meist auf reinigende Sommergewitter. Es ist die Zeit der Hundstage, die am 23. Juli beginnen und bis zum 23. August dauern. Die Bezeichnung kommt vom Sternbild Großer Hund (Canis Major) mit dem Sirius als hellstem Stern. Vom ersten Auftauchen des Sternbildes bis zu seiner vollständigen Sichtbarkeit am nächtlichen Sommerhimmel vergehen 30 bis 31 Tage, im alten Rom war das eben vom 23. Juli bis 23. August der Fall. Mittlerweile hat sich die Zeit der Hundstage um etwa vier Wochen verschoben, der Aufgang des Sirius kann heute frühestens ab dem 30. August beobachtet werden und ist damit eher ein Zeichen für den nahenden Herbstanfang.

Aber der Volksmund ist beharrlich, und nach wie vor heißen die heißesten Wochen des Jahres »Hundstage«. In den Mittagsstunden steht die Luft dann schwül und flirrt bei »100° Fahrenheit« (Rose Ausländer), also etwa 37,8° Celsius, kein Windhauch will sich regen. Alles scheint von der Hitze immobilisiert und ausgedörrt, Natur wie Mensch. Das hält die Wettergespräche ebenso in Gang wie die Sommerlochberichte in den Medien. Nie ist hier mehr über die Klimaerwärmung zu lesen als in der sommerlichen »Sauregurkenzeit« (Peter Hammerschlag) – so sie nicht verregnet ist.

Wer kann, begibt sich in den Urlaub, einst Sommerfrische genannt. Je nach Typus geht es in die noch heißeren Gegenden ans Meer, um einen südlichen »Inselsommer« (Christine Busta) zu genießen, oder ins immer kühlere und nicht selten auch im August schön verregnete Gebirge.

Wetterkapriolen sind natürlich nirgendwo ausgeschlossen, und irgendwann mischen sie sich fast unbemerkt mit den ersten Vorboten des Sommerendes. Die Morgen werden allmählich kühler und die Nächte wieder länger, die Wiesen sind voller Tau, und eine Vorahnung des Herbstes dringt in die Psyche der Menschen: Es liegt Vergänglichkeit in der Luft, rund um den 31. August wird das Sommerende spürbar. »Septembrisch« wird dann »die Welt, das Herz, das Glück« (Christian Morgenstern). Die Erinnerungen an die leuchtenden Augusttage aber bleiben wie die Gedichte.

Einfach Sommer

CHRISTOPH MECKEL

Die Sommertage

Mein Haus steht gebaut an langsam wanderndem Wasser.
In gelber Jacke geht der Sonntag durchs Maisfeld.
Hinter den Hügeln
hausiert er mit Kirschen und Kupferglocken. In Dörfern
ruft er: Wer kauft, wer kauft? Wir sind arme Leute.
Sein weißer Bart weht durch die glückliche Woche.

Es kommt der grüne, in Wiesen verirrte Montag.
Die Kühe, gestriegelt, gehn aus und kommen nicht wieder.
Haltet sie, ruf ich, es wächst kein besseres Fleisch
auf den Bäumen, die Flüsse
haben uns niemals süßere Milch gegeben!
Mit Bienenstimme singen die Äpfel im Spankorb
dankbare Antwort
und Stein und Zwiebelschale murmeln im Sand.

Kirschblüten streut der Dienstag auf die Brücke
hinter dem Maisfeld.
Langsames Wasser geht um und sucht sein Bett auf den Hügeln,
doch brüderlich
locken die Flüsse es ins Gestein, zu Tal
und mit trockenem Fuß tritt der Tag in das Haus, Roßtäuscher,
und schüttet uns nasse Sonne ins Heu; wir sind arme Leute.

Ein Sack voll Hagel, und Gras im Maul eines Hundes –
Mittwoch. Mein Vater zählt Kirschbäume ab an den Fingern:
Sechzig Sommer voll Kirschen, und freie Fahrt
auf dem Mittsommerwasser.
Der Morgen schallt von Flüssen, die sich im Garten begegnen.
Barhäuptig am Fenster steht ein Bach aus den Hügeln
und bietet hölzerne Schuhe feil.

An brechenden Angeln ins Licht zog ich Steinkohlenwälder
und Hechte.
Dem Donnerstag sag ich: Das Wasser schläft noch
in unseren Weinfässern, laß dir Zeit.
Wenn es erwacht, wird viel Gesang sein am Wochenende!
Auf einem Bein steht die Brücke und hält sich
am Kirschbaum fest.
Auf versammelten Flüssen werden wir in den September fahren.

Und ich erwachte am Freitag, und älter
als Kirschbaum und Maisfeld
älter selbst als mein Vater fand ich mich wieder
auf Sargholz-Krücken und sollte den Morgen begrüßen.
Kein Auerhahn, kein Star lieh mir Atem und Stimme,
nicht mal der Kuckuck einen Ton.
Geizig saßen die Lerchen auf ihren Hälsen
und stumm ging ich weg auf meinen alten Füßen,
hinab in den purpurnen Tag, den ich endlos bewohne.

Samstag. Ich hörte die Schnecke um Regen betteln
in warmer Nacht.
Heut schickt uns das Meer einen Dampfer,
beladen mit Wein. Das Skelett
des Winters rollt im Schaum an der Küste, wir werden
die Knochen sammeln und werfen ins Feuer,
an einem Herbsttag, hinter dem Kirschgartenzaun.

Im Keller, hör ich, laufen die Flüsse zusammen.
Da wird viel Wasser sein unter dem springenden Fuß
und Donner und Regen leicht in meiner Hand.
Die Kupferglocke brummt: Das Schiff ist gekommen!
Kein Sonntag soll kommen und sagen: Wir sind arme Leute.
Mein Vater begrüßt den Tag mit Ezechiels Stimme
und ich schick auf Reisen all das herrliche Wasser.

HELGA M. NOVAK

und wieder ein Sommer

und wieder ein Sommer mit heißen Mittagen
die Luft gesättigt von Schweiß
Schweiß aus Wasser aus Limonade aus Wein
Homer hat drei Gräber um ein Grab sind
angeschlagene Tassen Krüge aufgereiht
neu altaussehend

auf der Nachbarinsel
die Gefangenen Staub aufwirbeln
keine fette Suppe
kein fetter Schatten
die Suppe so dünn wie der Schatten

und wieder Sommer auf der Insel Homers
der Salat zergeht im Mund des Yachtkapitäns
der Dorfpolizist kaut Schafskäse
die Männer mit den roten Nelken hinter dem Ohr
tanzen für den Yachtkapitän

Gelächter darunter mein Gelächter

und wieder ist Sommer
glühende Wege und das ohrenbetäubende Schreien
der Zikaden am Abend
die Spinne die das Haus zunäht
verbrennt am entzündeten Streichholz
sie kullert in den Sand und verharrt

und wieder ein Sommer ein Sommer
der den Magazinen das geglückteste Foto beschert
schräg beleuchtet verstreute
leere Schuhe in einer Wüste
armer Mann wo bist du wer hat dich so verführt

und wieder ein Sommer mit übervollen Zügen
zwei Pakistanis im Orientexpreß nach Brüssel
Geruch alter Socken
die Wasserbüffel sind schwarz
und wieviel Spinnen diesen Sommer

und wieder ein Sommer mit Nachrichten
ein Demonstrant erschossen in meiner Vaterstadt

URIEL BIRNBAUM

Der Sommer

Der Himmel wölbt sich nicht – er drückt,
Als ob er flach und steinern wäre.
Weithin die Felder, Ähr' an Ähre,
Stehn unter seiner Last gebückt.

Die Ähren stehen Halm an Halm
So dicht zusammen und geschlossen,
Als ob einheitlich goldgegossen
Ihr Druck die Einzelform zermalm'.

Ein scharfer Strich, der nicht verschwimmt,
Trennt Himmel fern von Erdenfluren;
Wie Lapislazuli azuren
Mit gelbem Gold zusammenstimmt.

Nicht eine Landschaft mehr scheint dies,
Vielmehr ein Kunstwerk, kostbar steinern –
Ein Birkenstämmchen, elfenbeinern,
Ist eingelegt, sein Laub Türkis.

Am goldnen Feldrand vorne lohn,
Werk wunderbarer Juweliere,
Kleine Rubine und Saphire:
Kornblumen blau und roter Mohn!

Ins Himmelsblau sind unbewegt,
Ganz nah der goldnen Kimm der Garben,
Gerundet, weiss und irisfarben,
Perlmutterwolken eingelegt.

Und diese ganze Landschaft ruht –
Zu solchem Kunstwerk, solchem stolzen,
Durch Schöpferhand zusammgeschmolzen
In ihrer eignen Sommerglut.

CARL ZUCKMAYER

Petri Kettenfeier

Ich glaubte selbst ich sei gebunden –
Doch plötzlich weiß ich mich befreit –
Jetzt bin ichs los! hab überwunden!
Und was mich gestern noch geschunden,
Scheint heut schon mild und wolkenweit.
Sankt Peter, sei bedankt.

Stab auf! Stab auf! Die Eise bersten –
Die Knospe platzt in göttlichem Schmerz –!
Schon braust die Wölbung von den ersten
Starschwärmen, und aus Gipfelhörsten
Schreit, wie ein Baumfalk, mein befreites Herz!
Sankt Peter, sei bedankt.

Und wenn mir jetzt am Tore Wer begegnet
Und fragt: »Quo vadis?« – Ich entgegne laut:
Dorthin wo Deines Himmels Liebe regnet
Und seine Sonne dunkles Leben segnet
Und seine Nacht den Wein der Gnade taut …
Sankt Peter, sei bedankt.

ERICH KÄSTNER

Der August

Nun hebt das Jahr die Sense hoch
und mäht die Sommertage wie ein Bauer.
Wer sät, muß mähen.
Und wer mäht, muß säen.
Nichts bleibt, mein Herz. Und alles ist von Dauer.

Stockrosen stehen hinterm Zaun
in ihren alten, brüchigseidnen Trachten.
Die Sonnenblumen, üppig, blond und braun,
mit Schleiern vorm Gesicht, schaun aus wie Frau'n,
die eine Reise in die Hauptstadt machten.

Wann reisten sie? Bei Tage kaum.
Stets leuchteten sie golden am Stakete.
Wann reisten sie? Vielleicht im Traum?
Nachts, als der Duft vom Lindenbaum
an ihnen abschiedssüß vorüberwehte?

In Büchern liest man groß und breit,
selbst das Unendliche sei nicht unendlich.
Man dreht und wendet Raum und Zeit.
Man ist gescheiter als gescheit, –
das Unverständliche bleibt unverständlich.

Ein Erntewagen schwankt durchs Feld.
Im Garten riecht's nach Minze und Kamille.
Man sieht die Hitze. Und man hört die Stille.
Wie klein ist heut die ganze Welt!
Wie groß und grenzenlos ist die Idylle …

Nichts bleibt, mein Herz. Bald sagt der Tag Gutnacht.
Sternschnuppen fallen dann, silbern und sacht,
ins Irgendwo, wie Tränen ohne Trauer.
Dann wünsche deinen Wunsch, doch gib gut acht!
Nichts bleibt, mein Herz. Und alles ist von Dauer.

ERNST JANDL

sommer

grille
sense
gras
sense
grille

sense
gras
sense
grille
sense

gras
sense
grille
sense
gras

GOTTFRIED BENN

Einsamer nie –

Einsamer nie als im August:
Erfüllungsstunde –, im Gelände
die roten und die goldenen Brände,
doch wo ist deiner Gärten Lust?

Die Seen hell, die Himmel weich,
die Äcker rein und glänzen leise,

doch wo sind Sieg und Siegsbeweise
aus dem von dir vertretenen Reich?

Wo alles sich durch Glück beweist
und tauscht den Blick und tauscht die Ringe
im Weingeruch, im Rausch der Dinge –:
dienst du dem Gegenglück, dem Geist.

EUGEN ROTH

Im August

Späte Pracht des Rosenstocks.
Siebenfarbig blüht der Phlox.
Zitterlust und dunkler Braus:
Letzter bunter Bienenschmaus.
Sonnenblume, schwärzlich braun
Schläft schon schweren Haupts am Zaun.
Apfelgarten, kühl und grün
Stillt das aufgeregte Blühn.
Ährenfelder, brandig schwer
Wälzen sich wie Wellen her,
Heben hoch das Kirchlein weiß
In den Himmel, flimmerheiß,
Daß es wie ein Schiffchen fährt
Samt den Heilgen, goldverklärt
Durch der Bauern Blumenlust
Hoch im schimmernden August.

Dienstag, 16. August 77

Lag oder stand ich da auf meinem Zimmer
wußte nicht mehr
gerade jetzt konnte nicht mehr, nicht mehr sagen was
vor Nichtkönnen, heller Sonne, Nicht-mehr-wissen
was selbst ist oder war
wollte laufen laufen einen Hofrundgang
nervös und sah Wolken an, warum Wolken
die wußte ich auch nicht mehr, nur »Wolken«,
wo der Dampf her, wo das Blau her, das verfluchte Blau
stotternd kam ich
auf mein Bett, hab nicht gewußt

was muß getan werden? Da kämmte ich mein Haar
kämmte, rote Ziegeldächer, mir war dann schön mit
Zigarillo im Mundwinkel, wußte aber nicht
vor Nicht-mehr-können, konnte nicht wollen mehr.
Bücher, Notizbuch von der Reise, ich blaues Hemd
ich Licht im Hof, schwarze Hose, Geschichte einer Liebe
nickte mir aufmunternd. Wie schnell einer hier und da
vernünftig wird, wie einer glatt wird stellenweis
innen im Hals, Unterdrückung wo, Zwang weiß nicht mich
Schmerz weg oder weiß ihn nicht mehr.

Da lag ich da, wo's nicht mehr weiter weiß, verstreut
vor weiter Wissenschaft, wie Tauben auf der Dachrinne.
Ein Busch Blumen wurde eingeschlagen in Papier
Geld in der Hosentasche gegen Tablettenröhrchen.

GÜNTER GRASS
Augusthimmel

Kein Staunen mehr oder Erschrecken,
weil viele so fern.
Nur Genickstarre vom Sternegucken
und ein Rest erklärbarer Schwindel.

PETER HAMMERSCHLAG
Sommerflirt

Drei Fischlein: Floß, Schwumm und Adalbert,
Drei schuppige Lebeleute,
Die haben bei Nord- und Ostsee verkehrt
Und lebten ausschließlich fürs Heute.

Und als die Badezeit mit Juhu
Das Meer zur Schaumtorte wühlte,
Da sahen die Fischlein von unten zu
Und jeder tat kund, was er fühlte.

»Saudumm!«
Höhnte Schwumm.
»Tun sich groß!«
Grinste Floß.
»Die Dame in Rot ist wie sich's gehört!«
Sprach der galante Adalbert.

Als später der Neumond mit fröstelndem Schein
Ins Meer schien als silbriges Sichlein,
Da trugen sie ihre Erlebnisse ein
In Hefte und Tagebüchlein.

Den Badegästen erteilten sie
Manch schreckliche Sittennote,
Nur Adalbert – idealistisches Vieh –
Der dachte nur noch an die Rote …

»Da bist du stumm!«
Blinzelte Schwumm.
»Sehr dubios!«
Urteilte Floß.
»Die Rote ist herrlich! Ob sie mich begehrt?«
Sann der galante Adalbert.

Kurz drauf sind Floß, Schwumm und Adalbert
Ins Fischernetz meuchlings geraten …
Sie waren am Anfang ziemlich verstört
Und später in Butter gebraten.

Den Schwumm hat ein Kommerzialrat verzehrt.
(Paul Breslauer war sein Name.)
Den Floß hat ein Tennistrainer erhört,
Und wen aß die rötliche Dame???

»Ich nehm's krumm!«
Maulte Schwumm.
»Schlechte Sauce!«
Ätzte Floß.
»Ich sterbe für sie, aber sie ist es wert!«
Sprach der galante Adalbert …

… und blieb dabei bis zum letzten Bissen …
Man muß für Ideale zu sterben wissen!

Urlaubszeit

KURT TUCHOLSKY
Luftveränderung

Fahre mit der Eisenbahn,
fahre, Junge, fahre!
Auf dem Deck vom Wasserkahn
wehen deine Haare.

Tauch in fremde Städte ein,
lauf in fremden Gassen;
höre fremde Menschen schrein,
trink aus fremden Tassen.

Flieh Betrieb und Telefon,
grab in alten Schmökern,
sieh am Seinekai, mein Sohn,
Weisheit still verhökern.

Lauf in Afrika umher,
reite durch Oasen;
lausche auf ein blaues Meer,
hör den Mistral blasen!

Wie du auch die Welt durchflitzt
ohne Rast und Ruh –:
Hinten auf dem Puffer sitzt
du.

ALBERT EHRENSTEIN

Sommer

Trage mich, du tiefer Zug,
zu Sonnentau und Falkenflug.

Blume, Vogel, Baum und Tier
will ich wieder werden!
Land zu sein ist Begier,
Ich in mir muß sterben.

Stille bleicht das Mondrevier,
Tau singt auf dem Grase,
guten Morgen geben mir
Haselmaus und Hase.

Roggen drischt aus Mark und Bein
Mädchen in der Scheune;
ich muß zum Kind zertrampelt sein
deinem jungen Beine.

Ewig Sein ist in dir,
niemals kann ich sterben,
Blume, Vogel, Baum und Tier
soll ich wieder werden!

WILHELM BUSCH

Im Sommer

In Sommerbäder
Reist jetzt ein jeder
Und lebt famos.

Der arme Dokter,
Zu Hause hockt er
Patientenlos.

Von Winterszenen,
Von schrecklich schönen,
Träumt sein Gemüt,
Wenn, Dank ihr Götter,
Bei Hundewetter
Sein Weizen bluht.

ALFRED LICHTENSTEIN

Sommerfrische

Der Himmel ist wie eine blaue Qualle.
Und rings sind Felder, grüne Wiesenhügel –
Friedliche Welt, du große Mausefalle,
Entkäm ich endlich dir … O hätt ich Flügel –

Man würfelt. Säuft. Man schwatzt von Zukunftsstaaten.
Ein jeder übt behaglich seine Schnauze.
Die Erde ist ein fetter Sonntagsbraten,
Hübsch eingetunkt in süße Sonnensauce.

Wär doch ein Wind … zerriß mit Eisenklauen
Die sanfte Welt. Das würde mich ergetzen.
Wär doch ein Sturm … der müßt den schönen blauen
Ewigen Himmel tausendfach zerfetzen.

JOACHIM RINGELNATZ

Sommerfrische

Zupf dir ein Wölkchen aus dem Wolkenweiß,
Das durch den sonnigen Himmel schreitet.
Und schmücke den Hut, der dich begleitet,
Mit einem grünen Reis.

Verstecke dich faul in die Fülle der Gräser.
Weil's wohltut, weil's frommt.
Und bist du ein Mundharmonikabläser
Und hast eine bei dir, dann spiel, was dir kommt.
Und laß deine Melodien lenken
Von dem freigegebenen Wolkengezupf.
Vergiß dich. Es soll dein Denken
Nicht weiter reichen, als ein Grashüpferhupf.

ERNST JANDL

Sommer

Auf Koffern im Wartesaal verfroren sitzend,
zählten wir Wochen an kaum bewegbaren Fingern.
sagten: wenn Sommer ist, und dachten
Tagen nach, die wir in Wiesen verbrachten.

Nun es so weit ist, müssen wir erkennen,
daß unsere Städte nicht für den Sommer gebaut sind.
Auch sind wir zu lang nicht mehr auf Wiesen gelegen.
Auch ist die Sonne zu ruhig. Wir denken an Regen.

NORBERT C. KASER
sommer fuer walther g.

ausgebucht die fluege
im bereich des traums
der erloschen in den
attischen vokabeln der
tragoedien
petrefakte platon'scher
dialoge zeichnet er
vergebens im sand des
meeres mit den zehen
nach

sommer wird ihm dir sein
wunschflug der sich auf
geloeste formeln stuerzt
wird heller sein nicht sich
immer
aeußern muessen in den
griffen an der gitarre
die bilderdiagramme
werden sein nichts als
wahrheit

und unnoetig
gemalt zu werden

sie werden dir nicht
weiter ins gesicht schlagen
sie werden deiner nicht
habhaft sein in den drei
monaten

endlich zu zweit schlafen
die du magst und sie
dich und es wird ein
ganz großer ausbruch
sein

die gitarre wird von
alleine der fluegel wird
tanzen im takt des beischlafs
werden weit weg die
filzhaemmer
an die draehte schlagen
loeschen das stroh der
verse aus latein   es
gelten nur noch die
gesetze

des vogelflugs
oder windes
der gedanke an eine frau
                    die groß war
                    und tot ist.

CHRISTINE BUSTA
Inselsommer

Vertrocknet ist der Mond in den Zisternen,
die Eimer schwingen leer, die Schläuche brechen.
Das Wasserschiff ist wieder nicht gekommen.
Und keine Wolke. Unauslöschlich brennen
die Sterne sich in Augen ohne Schlaf.

ROBERT GERNHARDT

Marleens Sommer

Es ist Sommer und
Marleen fährt ans Meer.
Sie aalt sich im Sand
und zeigt alles her.
Sie gibt der Sonne
reichlich zu schaun –
Aber irgendwie wird ihr Bauch nicht braun.

Eine Woche ist um,
und Marleen weiß mehr.
Sie hat sich erholt
und macht mächtig was her.
Die Männer schaun gierig
und giftig die Fraun –
Aber irgendwie wird ihr Bauch nicht braun.

Zwei Wochen. Jetzt
braucht Marleen einen Kick.
Als der Typ sie anmacht,
lehnt sie sich zurück
und denkt im stillen:
Mach zu, du Clown –
Aber irgendwie wird ihr Bauch nicht braun.

Drei Wochen. Mehr
ist leider nicht drin.
Noch einmal hält
sie den Körper hin.
Der Sonne zuerst,
sodann ihrem Faun –
Aber irgendwie wird ihr Bauch nicht braun.

Das wars. Im Büro
fragt die Freundin: Na?
Na ja, sagt Marleen,
es war alles da.
Ich habe gepflegt
auf den Pudding gehaun –
aber irgendwie
aber irgendwie
aber irgendwie wurde mein Bauch nicht braun.

NIKOLAUS LENAU

An den Ischler Himmel im Sommer 1838

Ein Scherz

Himmel! seit vierzehn Tagen unablässig
Bist du so gehässig und regennässig,
Bald ein Schütten in Strömen, bald Geträufel;
Himmel, o Himmel, es hole dich der Teufel!

Gurgelst wieder herab die schmutzigen Lieder,
Hängen vom Leibe dir die Fetzen nieder,
Taumelst gleich einem versoffnen zitternden Lumpen
Hin von Berge zu Berge mit vollem Humpen!

Warfst den Bergen die Kinder aus ihren Betten,
Alle Bäche heraus, und plump zertreten
Hast du die reifende Saat den armen Bauern;
Unband! wie lange noch soll dein Unfug dauern?

Wenn doch endlich tüchtige Winde brausten
Und dich rasch von dannen peitschten und zausten!

Aber du wirst von Stunde zu Stunde noch frecher,
Lümmelst schon dich herein bis auf unsre Dächer.

Hast an harten Felsen den Kopf zerschlagen,
Und noch bist du nicht hin! seit vierzehn Tagen!
Blinder Unhold! es ist das Auge der Sonnen
Und das Auge des Monds dir ausgeronnen.

Ungastfreundlicher Strolch! die schönsten Frauen
Kamen, zu baden und das Gebirg zu schauen;
Baden können sie gnug, doch den Hals nie strecken
Aus dem Tale, dem riesigen Badebecken.

Hätte Ischl nur dich und seine Solen,
Hätt ich mit einem Fluche mich längst empfohlen;
Doch nebst dir und deinem Wolkengewimmel
Hat es zum Glück noch einen andern Himmel!

HANS MAGNUS ENZENSBERGER

Der Urlaub

Jetzt, wo er frei hat, verhältnismäßig, schlurft er
oft um die Tennisplätze, läßt sich rasieren, liest.
Schwarzhändler wispern, Turnschuhe hecheln vorbei.
Starrend vor Palmen dehnt sich die Welt
am Sonntag. Im Palace brüten die ersten Huren
über dem Frühstück. Alles klar, alles fusselt.
Menschenskind, Mecki, ruft es vom Nebentisch.
Heulendes Elend am Strand. Umständehalber
schmelzen Peseten. Zufallsbekanntschaften,
sehnsüchtig eingekremt. »Was sagst du dazu, José,

wenn ich heut nacht mit dir geh? Olé, olé, olé.«
Ekelhaft, dieser Tintenfisch auf dem Teller.
Das gähnende Zimmer. Sand in den Handtüchern.
Ein helles Insekt, das sich gegen die Birne wirft.
Siebzehn senkrecht: Griechische Fruchtbarkeitsgöttin.
Die Dusche riecht muffig. Auf der Straße kichert es.
Motorräder starten. Dann ist nur noch das Meer da,
das in der Ferne ächzt. Nein, nebenan ist es,
nebenan stirbt eine Frau oder liebt sich selbst.
Olé, olé, was sagst du dazu, José? Er horcht.
Weiß im Zahnputzglas wimmeln die Schlaftabletten.

FRIEDERIKE MAYRÖCKER

im Gebirge, August

unter kahlem Gezweig, junger
Baum steht schief, einzelne kahle
Bäume die nie mehr grünen, steh
ich verspüre die zitternden
Ränder an meiner an seiner Haut des
zwischen zwei Äste gespannten Spinnennetzes
darin ein kleines Insekt, und wild
schwankende Staude rosa und windgefegt wollige
Distelköpfe (»ist ja dein lieber Kopf«) rosa
versponnen verschwommen die lichten Scheitel
der Berge, geschlägert aus dem Rücken des
Bergs gegenüber ein riesiger Halbmond, die
Silberlinge des Birkenlaubs ins flüssige
Blau so blau war so jung so auszer mir war und
immer, sauge den zarten Duft, violetten Schaum, Bläue
der Schürze der Bäuerin, nach oben

langend, Requisit der Dienenden?, unter der
Lupe orangerot, nach dem Wäschedraht langend, verschwindet dann im Gebüsch, geht ganz in die Hecke
hinein, Beeren pflückend, beim Beerenpflücken als
ginge sie durch eine Tür, das Nächtliche
aber fremdet den Bund

THEODOR STORM
August

Inserat

Die verehrlichen Jungen, welche heuer
Meine Äpfel und Birnen zu stehlen gedenken,
Ersuche ich höflichst, bei diesem Vergnügen
Womöglich insoweit sich zu beschränken,
Daß sie daneben auf den Beeten
Mir die Wurzeln und Erbsen nicht zertreten.

PETER HAMMERSCHLAG
Der Chef in der Sauregurkenzeit

Warum wird hier Strom verschwendet?
Was – storniert? Na Prost! Was jetzt?
Haben Sie Muster mitgesendet?
Hallo … haaallooo … bums. Besetzt!
Ich denk nach in dem Gewölbe,
Woraus ich die Löhne quetsch' –
Jeden Ultimo dasselbe …
Kann denn *ich* zum Ländermatch?

Frozzel *ich* die Lieferanten?
Ich renn mir die Füße ab!
Wozu hab ich Inkassanten,
Wenn ich nie ein Bargeld hab?
Ist die Schreibmaschin' gerichtet?
Hat man Steiner schon urgiert?
Sind die Rechnungen gesichtet?
Welcher Tepp hat *das* addiert?
Was? Ich selbst? Oh Gott, die Nerven!
Irr ich mich halt auch einmal ...
Soll ich mich vor's Auto werfen?
Sowas nennt sich Personal!
Zahlts denn *ihr* vielleicht die Zinsen?
Was habts ihr im Schädel drin?
Ja, das könnts ihr: frech sein – grinsen ...
Bringen S' mir ein Aspirin!
Sowas lebt. Das war noch nie da!
Das Geschäft ist unterm Hund!
Wird das Ausgleich oder Krida?
Oder gehn wir nur zugrund?
Euch ist's wurscht – ihr schlafts ja immer,
Ich hab nicht einmal gejaust.
Wo ich hinschau liegen Trümmer,
Ist's ein Wunder, wenn mir graust?
Josef, geben Sie mir Feuer.
Und den Preis radier'n Sie aus ...
Manchmal glaub ich, ich bin euer
Schammes nur – im eig'nen Haus!
Wenn wer anruft: zuerst fragen.
Zwar ... ah nein, der weiß es eh –
Soll er mich von mir aus klagen,
Ich sitz drüben im Café ...

Hundstage

HEINER MÜLLER
Das Pferd hat kein Gewehr

Achter August. Die Hundstagsonne
Heizt das Kopfsteinpflaster. Gegen Zwölf
Hufschlag. Stein dröhnt.
»Wer reitet?« »Ein Pferd, allein?«
Fußgängerflucht. Ein Held:
Spazierstock gegen Pferdehufe!
Hinter den Scheiben stehen
Münder offen: »Ein Pferd. Ja.
Durchgegangen.
Wie?«
Ein Pferd stirbt
Auf dem Kopfsteinpflaster.
»Was hat ihm gefehlt?«
»Ein Gewehr.«
(Gelächter)

HERMANN HESSE
Hundstage

Wie nun am dürren Ginsterhang,
Im braunen Stein, im goldnen Staub,
Im gilbenden Akazienlaub
Der Sommer seinen Überschwang
Austobt und in sich selbst verbrennt!

Aus dürrer Schote knistern schwarze Kerne,
Und abends hängen schwer die Sterne
Wie überreif am Firmament,
Das wie ein Puls im Fieber pocht
Und von verhaltnen Wettern kocht.

Wo eben noch in frohen Schauern
Das Leben feucht und spielend rann,
Keucht Sommer wütend hügelan
Der Höhe zu. Er will nicht dauern,
Er lechzt nach Rausch und Opferglück,
Ihn rief der Tod: auf hagrem Pferde
Jagt er voran und läßt die Erde
Erschöpft, verblüht, verbrannt zurück.

Und seufzend reckt sich Laub und Gras
Und raschelt hart und klirrt wie Glas.

ELSE LASKER-SCHÜLER
Hundstage

Ich will Deiner schweifenden Augen Ziel wissen
Und Deiner flatternden Lippen Begehr,
Denn so ertrag' ich das Leben nicht mehr,
Von der Tollwut der Zweifel zerbissen.

... Wie friedvoll die Malvenblüten starben
Unter süssen Himmeln der Lenznacht –
Ich war noch ein Kind, als sie starben.

Hab' so still in der Seele Gottes geruht –
Möcht' mich nun in rasendes Meer stürzen
Von schreiendem Herzblut!

FRIEDERIKE MAYRÖCKER
der namenlose August

durchblondete Landschaft Staubgefäsze
des wilden Safran / sieht aus wie ein Stöckchen ein Stückchen
Holz: die Raupe der Wurm die braune Nacktschnecke
der gestaffelte Wald den Hang emporstrebend die Kegelform
des Hausbergs die Levkojen die abgeblühten traubenförmige
Früchte tragenden
Fliederbüsche die Flieger die Seidenkörper die demolierten
Autos im Straszengraben die glorreichen Morgen die
Morgenfrühe
das Pfeifen des ersten Zuges das Antwortpfeifen des
Gegenzuges die
Rute des dürren Waldstücks / haarklein ohne zu lügen
dann die Geräusche der aufgebundenen Sonne die Sonne
die Kerzentage
der Seidenäther der aufschnürbare Abend und Traum das
lanzettförmige
Blatt der Brennessel zu meinen Füszen / Holunderbüsche
die ersten Zyklamen das einzelne Lindenblatt in der Wiese
das Trommeln
der Berge die Bergriesen das Rieseln wie Wasser nämlich von
Sand Staub und Steinen
von der Höhe des Steinbruchs zu Tal / die roten
Schlünde der Malven die blauen Begonien in Trögen
an der besonnten Hausmauer der ländlichen Gastwirtschaft usw.

die Pelargonien der Schachtelhalm das Scheppern
der Milchkannen unter dem Fenster im Morgengrauen
eine letzte Jasminblüte im August das Anschlagen des
Hofhundes mischt sich
mit dem Pfiff der anfahrenden Lokomotive
die Tamarisken die wilden Kirschen meine Mutter
blickt mir ins Herz und sagt ich denke immer an dich
der Phlox das Efeugerank die Lämmer ich gehe langsam den
Kirchweg aufwärts
die wohlfrisierten Pekineserhündchen der weiblichen Kurgäste
die Wolkenschleier
die Königskerze im Vorgarten / das gelbe Köfferchen
auf Rädern
karamelfarben nämlich der gelbe Klee
der Huflattich der Hahnenfusz das intermittierende
Bewusztsein
gebleichter Strohhalm geknickt auf dem Asphalt der Strasze
wie ein Traum und alles nicht wirklich und doch
Melange eines Tierreichs und alles

CHRISTINE LAVANT

Aus den Steinen bricht der Schweiß,
Schwalben irren sich noch tiefer
und das Wasser glänzt wie Schiefer
um den gelben Sonnenkreis.

Eine Königskerze, fahl,
brennt herab am Weg zum Ufer,
dreimal gellt der Regenrufer
und die Wolken segeln schmal.

Umgeschlagen hat der Wind – ;
dort, die Sonne dreht sich gläsern
zu den sauren Grummetgräsern,
die schon halb verhungert sind.

Bald ist nichts mehr, wie es war
gestern um dieselbe Stunde,
nur der Wirbel rinnt die Runde
schwarz und lockend immerdar.

PETER HÄRTLING
der sommer geht

der sommer geht in schuhen aus ton
die zerbrechen wenn keiner sie abends kühlt

so badet der sommer in flüssen den schritt
und kühlt seine schuh

er sagt des jahres strophen nicht mit
und noch einen schritt
auf die sonne zu
dann bersten die schuh

ROSE AUSLÄNDER
100° Fahrenheit

Die Luft hat Fieber
Kinder spielen mit dem
Staub der Ahnen

Frauen welken
am kranken Glanz
werfen ihre Juwelen
in den Kehricht

Das Lerchenlied
fällt ins dampfende Luftbecken
steigt auf als Dunst

Das Licht liegt auf der Lauer
Glühende Schatten stehn
drohend vor den Toren
in denen sich Menschen
vor dem Feuer verbergen

CHRISTINE BUSTA
Mittag im August

Irgendwo trottet jetzt der schwarze Eber zur Tränke,
aus den Tümpeln schlürft er die gelbe Sonne,
und die Winde schmecken nach Moor – uralt.

Das Licht ist schwer. Wie lang noch tragen's die Wälder?
Schon brechen die Wipfel und aus den Kronen prasselt
unaufhörlich der Eichelregen.

Im Felde dengelt der Schlaf die blitzende Sense,
dann rauschen schwere Schwaden. Vor seinem Schwung
stürzen wir hin mit gebrochnen Gelenken.

THEODOR KRAMER
Die heißeste Stunde

Alle Geräusche versiegen,
grell stehn die Maste vermummt;
träg falln ans Fenster die Fliegen,
und auch der Rammbär verstummt.
 Dies ist die heißeste Stunde,
 still wie sonst nichts auf der Welt,
 wo nur das Sprengfaß die Runde
 macht und der Fruchteismann schellt.

Jäh vor die Augen im gachen
Glast hebt ein jeder die Hand;
feierlich stehen die Plachen
über die Steige gespannt.
 Dies ist die heißeste Stunde,
 still wie sonst nichts auf der Welt,
 wo nur das Sprengfaß die Runde
 macht und der Fruchteismann schellt.

Kühl, wo die Katzen sich lässig
sonnen im Flirren des Lichts,
riecht's aus der Einfahrt wie Essig,
führen die Tore ins Nichts.
 Dies ist die heißeste Stunde,
 still wie sonst nichts auf der Welt,
 wo nur das Sprengfaß die Runde
 macht und der Fruchteismann schellt.

JOSEPH VON EICHENDORFF
Treue

Wenn schon alle Vögel schweigen
In des Sommers schwülem Drang,
Sieht man, Lerche, dich noch steigen
Himmelwärts mit frischem Klang.

Wenn die Bäume all verzagen
Und die Farben rings verblühn,
Tannbaum, deine Kronen ragen
Aus der Öde ewiggrün.

Darum halt nur fest die Treue,
Wird die Welt auch alt und bang,
Brich den Frühling an aufs neue,
Wunder tut ein rechter Klang!

CHRISTIAN MORGENSTERN
Hochsommernacht

Es ist schon etwas, so zu liegen,
im Aug der Allnacht bunten Plan,
so durch den Weltraum hinzufliegen
auf seiner Erde dunklem Kahn!

Die Grillen eifern mit den Quellen,
die murmelnd durch die Matten ziehn;
und droben wandern die Gesellen
in unerhörten Harmonien.

Und neben sich ein Kind zu spüren,
das sich an deine Schulter drängt,
und ihr im Kuß das Haar zu rühren,
das über hundert Sterne hängt …

Es ist schon etwas, so zu reisen
im Angesicht der Ewigkeit,
auf seinem Wandler hinzukreisen,
so unaussprechlich Eins zu Zweit …

JÜRGEN BECKER
Mitte August

Über eine Wiese gehen, umgeben von Gebüsch
und Bäumen eines alten Parks: einen Augenblick
stehenbleiben und sich vergewissern,
daß man lebt, in der Mittagspause jetzt.

CARL ZUCKMAYER
Fülle der Zeit

Des Sommers Mitte, halb schon überschritten,
Umspannt das Land mit Bögen seiner Pracht,
Durch die Augustus donnernd eingeritten –
Sternschnuppenschwärme folgten ihm zur Nacht –

Und all die frühen Früchte sind geerntet,
Das Korn geschnitten und das Gras gemäht.
Die Blumen, die ihr frühlings nennen lerntet,
Sind längst verweht und welkend ausgesät.

Hat je ein Duft wie Abendphlox geduftet?
Blaut' je ein Tag so tief wie Eisenhut?
Sind nun die Sinne wurzelhaft entgruftet
Und trinken, vollmondgleich, aus reifster Flut?

Erfüllte Zeit! Wir opfern deiner Fülle,
Die uns mit Nächten ohne Stern umschwarzt.
Doch bald macht uns des Herbstes große Stille
Um so viel reicher, als du ärmer wardst.

FERDINAND VON SAAR
Nun ist das Korn geschnitten

Nun ist das Korn geschnitten,
Die Felder leuchten fahl,
Ringsum ein tiefes Schweigen
Im heißen Sonnenstrahl.

Verblüht ist und verklungen,
Was duftete und sang,
Nur sanft tönt von den Triften
Der Herdeglockenklang.

Das ist, o Menschenseele,
Des Sommers heilger Ernst,
Daß du, noch eh er scheidet,
Dich still besinnen lernst.

HELGA M. NOVAK

August

August voller Hornissen
bei Nacht stürzen sie sich
in wolkigen Formationen
auf jedes Licht
tagsüber geh ich ihre Nester
suchen sie haben den Fuß
der Birke unterhöhlt da trinken
sie Haarwasser süßer Saft
dringt in ihre Waben
ein himmlischer Ballon
unter meiner alten Birke
schon steht sie im gelben Rauch
wollen noch sehn ob ich meine Quarkwindeln
wasche abends oder umkomme vor Angst

URIEL BIRNBAUM

Langer Sommer

Dies ist der Sommer, der nicht endet,
Der Woche blau an Woche reiht,
Als stünde in ihm still die Zeit –
Dies ist der Sommer, uns gespendet,
Damit wir, seiner froh zu Zweit,
Sein langsam sonniges Hinfliessen,
Wie einzig unserm Glück geweiht
Bewusst als ein Geschenk geniessen.

Wir sahn die Wälder sich verfärben,
Bis weit und breit das Waldgebiet
Zu einem Hort von Gold geriet –
Jedoch der Sommer kann nicht sterben!
Kristallen leuchtet der Zenith
Wie blaues Wasser über Wiesen,
Selbst in dem Grün von Malachit
Erstrahlenden gleich Paradiesen.

Die goldnen Wälder sich verdunkeln
Sahn wir: Doch wurden sie nicht fahl.
Von Tag zu Tag, von Mal zu Mal
Sahn wir sie flammengleicher funkeln.
Nach des Septembers Goldgestrahl
Stehn nun, in dieses Jahr's Oktober,
Die Berge um das grüne Tal
Wie aus rotflammendem Zinnober!

Das blaue Licht, das rote Flammen
Und dieser Sommer ohne Schluss:
Aus unsrer Lust, aus unserm Kuss –
Aus unsrer Liebe muss er stammen!
Nicht ist von seinem Überfluss
Dies unser Glück die reiche Spende –
Aus unsern Herzen nähren muss
Sich dieser Sommer ohne Ende!

August-Launen

JOACHIM RINGELNATZ
Schwebende Zukunft

Habt ihr einen Kummer in der Brust
Anfang August,
Seht euch einmal bewußt
An, was wir als Kinder übersahn.

Da schickt der Löwenzahn
Seinen Samen fort in die Luft.
Der ist so leicht wie Duft
Und sinnreich rund umgeben.
Von Faserstrahlen, zart wie Spinneweben.

Und er reist hoch über euer Dach,
Von Winden, schon vom Hauch gepustet.
Wenn einer von euch hustet,
Wirkt das auf ihn wie Krach,
Und er entweicht.

Luftglücklich leicht.
Wird sich sanft wo in Erde betten.
Und im Nächstjahr stehen
Dort die fetten, goldigen Rosetten,
Kuhblumen, die wir als Kind übersehn.

Zartheit und Freimut lenken
Wieder später deren Samen Fahrt.

Der Himmel war umzogen,
Es war so trüb und schwül,
Heiß kam der Wind geflogen
Und trieb sein seltsam Spiel.

Ich schlich in tiefem Sinnen,
Von stillem Gram verzehrt. –
Was soll ich nun beginnen?
Mein Wunsch blieb unerhört.

Wenn Menschen könnten leben
Wie kleine Vögelein,
So wollt' ich zu ihr schweben
Und fröhlich mit ihr sein.

Wär hier nichts mehr zu finden,
Wär Feld und Staude leer,
So flögen gleich den Winden
Wir übers dunkle Meer.

Wir blieben bei dem Lenze
Und von dem Winter weit,
Wir hätten Frücht' und Kränze
Und immer gute Zeit.

Die Myrte sproßt im Tritte
Der Wohlfahrt leicht hervor,
Doch um des Elends Hütte
Schießt Unkraut nur empor.

Mir war so bang zu Mute,
Da sprang ein Kind heran,
Schwang fröhlich seine Rute
Und sah mich freundlich an.

»Warum mußt du dich grämen?
O, weine doch nicht so!
Kannst meine Gerte nehmen,
Dann wirst du wieder froh.«

Ich nahm sie, und es hüpfte
Mit Freuden wieder fort,
Und stille Rührung knüpfte
Sich an des Kindes Wort.

Wie ich so bei mir dachte:
»Was soll die Rute dir?«
Schwankt aus den Büschen sachte
Ein grüner Glanz zu mir.

Die Königin der Schlangen
Schlich durch die Dämmerung,
Sie schien gleich goldnen Spangen
In wunderbarem Prunk.

Ihr Krönchen sah ich funkeln
Mit bunten Strahlen weit,
Und alles war im Dunkeln
Mit grünem Gold bestreut.

Ich nahte mich ihr leise
Und traf sie mit dem Zweig,
So, wunderbarerweise,
Ward ich unsäglich reich.

THEODOR KRAMER

Kalter Abend im August

Kalter Abend im August,
welk schon faltet sich dein Blust,
da die Sonne sich verzieht,
aus dem Laub die Wärme flieht.

Steif im Garten ragt der Mohn
und die Dellen zeigen schon,
wo der Fliedersamen steht,
den es allzubald verweht.

Sieh, ich hatte einen Tag,
wie ich ihn nie haben mag;
seltsam bin, zerrauft und bleich,
ich dir, kalter Abend, gleich.

Daß so schwer mir ist der Sinn,
daß ich schon so müde bin,
hab bisher ich nicht gewußt,
kalter Abend im August.

Harter Pfirsich, saure Beer,
mit euch bang und hoff ich sehr
auf die Wärme, die noch strahlt,
alles Bleiche schön bemalt,

daß auch gut heran noch reift,
eh der Frost mich gnadlos streift,
was in mir der Lese wert
ist und andren Freud beschert.

CHRISTIAN MORGENSTERN
Ebenengewitter

So löst sich denn die Spannung schwer.
Erfüllt ist, was wir baten:
Vom Himmel rauscht ein breites Meer
auf durstig-dürre Saaten.

Und herrlich stürzt ein Donnerkeil
sein Siegel auf all den Segen.
O Frucht, nun reifst du wieder heil
dem hohen Herbst entgegen.

KLAUS DEMUS
Umgrauter Sommermorgen

Der Himmel hängend grau, der Morgen still.
Im Wald herrscht, voll betreten, Vogelsang.
Ahnts dich den Tag hinein, der regnen will,
fügst dich dem Weg du: aufwärts, grade, lang.

Das Gras, die Blumen: dennoch leben sie,
Halbdunkel aufgegangen, warm, gelind.
Waldblößen scheuen Welt: sie wissen nie,
wie nah, wie fern sie eines Sinnes sind.

Noch weiter düsterts: hohlweghaft schmilzt Licht,
aus Dämmers Resten stellt sich wesenleer
Gleich-Gültiges zum fremdesten Gesicht;
die Zeit wird kürzer; auch der Raum wird leer.

Es reißt, wenn Felsen zwischen Stämmen stehn,
schwarz, und der Wald sich wölbt: hier steht allein
die höchste Höh dem Land; hier wärs zu sehn
in Weiten; doch nun strömt der Himmel ein,

und hingekauert lauerst du, vor dir
das Niederrauschen, unter Dach und Laub,
daß sich die Schwäche bald vollende; hier
wird steil der Tag sich noch erretten: glaub!

HERMANN HESSE

Sommernacht

Die Bäume tropfen vom Gewitterguß,
Im nassen Laub glänzt Mondlicht kühlvertraut,
Vom Tal herauf der unsichtbare Fluß
Tönt dunkel her mit ruhelosem Laut.

Jetzt im Gehöfte schlagen Hunde an –
O Sommernacht und halbverhangene Sterne,
Wie reißt es mir auf eurer bleichen Bahn
Das Herz hinaus in Reiserausch und Ferne!

EUGEN ROTH

Kalter Augustmorgen

Fahler, als du je den Mond gesehen,
Sieh die Sonne jetzt im Nebel stehen.
Sonne, glüh!

Wie im Winter kalt
Überm Wald
Weißer Dampf durch Wiesen wallt:
Im August
Fünf Uhr früh.

Doch du mußt
Ja nur auf den nächsten Hügel gehen:
Lichtumprallt
Siehst du jetzt der Sonne Rad sich drehen,
Schattengroß im weißen Nebelwehen
Tanzen deine eigene Gestalt.

KLAUS GROTH
Regenlied

Walle, Regen, walle nieder,
Wecke mir die Träume wieder,
Die ich in der Kindheit träumte,
Wenn das Naß im Sande schäumte;

Wenn die matte Sommerschwüle,
Lässig stritt mit frischer Kühle,
Und die blanken Blätter tauten
Und die Saaten dunkler blauten.

Welche Wonne, in dem Fließen
Dann zu stehn mit nackten Füßen!
An dem Grase hinzustreifen
Und den Schaum mit Händen greifen.

Oder mit den heißen Wangen
Kalte Tropfen aufzufangen,
Und den neu erwachten Düften
Seine Kinderbrust zu lüften!

Wie die Kelche, die da troffen,
Stand die Seele atmend offen,
Wie die Blumen, düftetrunken
In dem Himmelstau versunken.

Schauernd kühlte jeder Tropfen
Tief bis an des Herzens Klopfen,
Und der Schöpfung heilig Weben
Drang bis ins verborgne Leben. –

Walle, Regen, walle nieder,
Wecke meine alten Lieder,
Die wir in der Türe sangen,
Wenn die Tropfen draußen klangen!

Möchte ihnen wieder lauschen,
Ihrem süßen, feuchten Rauschen,
Meine Seele sanft betauen
Mit dem frommen Kindergrauen.

Halten Sie doch noch aus
Regen bewegt Sie
Gras richtet noch auf
unter dem Licht im August
gehn Sie leicht
vielleicht im September

November
an Nebelrändern
im ölgetränkten Blau der Straße
der Wiederschein von Wolken
Erlkönigs Mantelsaum

bald schon Dezemberverführung
klirrende Wollust
auf Schneeschuhn kam der halbe Tag

UNICA ZÜRN
Der Nebel im August

Lege im Staub runde
Augen, Brueste mild.
Liebe und Mut sag' er
uns gut der Liebe am
Blut aus Erde. Mein G
ist U, der Nebel Magu,
das gute Leben im Ur.

Sommersneige

WULF KIRSTEN
Balkansommer

zu abend die hitzeschwelende stadt,
ausgebrannte wolkenkronen, unter
geborstenen sonnensäulen sah ich die erde
auf mich zu taumeln, als der pilot
zur landung ansetzte. rasenflächen,
alleen, jedes grünstück eingestaubt
von der auszehrenden dürre. die boulevards
verhängt mit dunstschleiern aus einem fein-
geschliffenen mehl, das von den gigantischen baustellen
herüberwehte und die silhouette mit einem krätzigen
mehltau beschickte. noch auf der zunge
rieb er wie schmirgel, den der wind
über eine steppe gewälzt hat.
so ging der sommer hechelnd und röchelnd
zu ende, verkrümmt und ledern gedorrt
die herzblätter am fliedergesträuch.
torpedobusse schossen gespenstisch
durch die kahlen straßenschluchten, auf der suche
nach der einzigen brücke über den öligen fluß,
eine schwärzlich schimmernde kloake.
die spärlichen auslagen in den geschäftsstraßen
dekoriert mit landeseigenen teigwaren
aus trübsinnig stimmenden zutaten
dunkler herkunft. jeder, der sich einreihte,
blindlings, ohne zu fragen wofür und wonach,

in die einheitsfront der hungrigen mäuler, bekam
wortlos ein stück butter zugeworfen auf offener straße.
punkt zehn, als die stadt jählings erblindete,
zogen die kellner den schlußstrich
unter ihr fußfertiges tagewerk und wedelten
mit ihren weißen servietten die gäste
von den stühlen. der luftzug entfachte
den eingeschlafenen wind. so ging
der endlose sommer zu ende.
mit vollen händen warf der aufkommende sturm
der judasbäume schwarze kastagnetten
aufs pflaster. entlang der hecke abgefetzt
die lieblingsblume der zigeuner, fliederfarbnes
ebenmaß. die nackte erde draußen tief zerklüftet,
mit äxten gespellt. als ich durchs land fuhr,
hört ich die maisfelder klirren,
als schlüge blech gegen blech.

THEODOR KRAMER

Nach dem Urlaub

Leer gähnt die Wohnung nach den Sommertagen,
die Möbel stehn in Tücher eingeschlagen,
der Luster hängt, vermummt, wie blind und taub,
die Leisten deckt ein feiner bittrer Staub.

Die Fenster knarrn beim Auftun, und die Gassen,
aus denen Glut hereinströmt, sind verlassen;
am kranken Baum hängt grün verdorrt das Laub,
die Blätter deckt ein feiner bittrer Staub.

Im Kasten schwingt der Mottentod am Faden,
schwer öffnen sich die vollen Schreibtischladen;
die Hand, die sie durchsucht, begeht fast Raub,
und alles schmeckt nach feinem bittrem Staub.

GÜNTER EICH

Ende August

Mit weißen Bäuchen hängen die toten Fische
zwischen Entengrütze und Schilf.
Die Krähen haben Flügel, dem Tod zu entrinnen.
Manchmal weiß ich, daß Gott
am meisten sich sorgt um das Dasein der Schnecke.
Er baut ihr ein Haus. Uns aber liebt er nicht.

Eine weiße Staubfahne zieht am Abend der
Omnibus,
wenn er die Fußballmannschaft heimfährt.
Der Mond glänzt im Weidengestrüpp,
vereint mit dem Abendstern.
Wie nahe bist du, Unsterblichkeit, im
Fledermausflügel,
im Scheinwerfer-Augenpaar,
das den Hügel herab sich naht.

Einen jener klassischen

schwarzen Tangos in Köln, Ende des
Monats August, da der Sommer schon

ganz verstaubt ist, kurz nach Laden
Schluß aus der offenen Tür einer

dunklen Wirtschaft, die einem
Griechen gehört, hören, ist beinahe

ein Wunder: für einen Moment eine
Überraschung, für einen Moment

Aufatmen, für einen Moment
eine Pause in dieser Straße,

die niemand liebt und atemlos
macht, beim Hindurchgehen. Ich

schrieb das schnell auf, bevor
der Moment in der verfluchten

dunstigen Abgestorbenheit Kölns
wieder erlosch.

GEORG TRAKL
Sommersneige

Der grüne Sommer ist so leise
Geworden, dein kristallenes Antlitz.
Am Abendweiher starben die Blumen,
Ein erschrockener Amselruf.

Vergebliche Hoffnung des Lebens. Schon rüstet
Zur Reise sich die Schwalbe im Haus
Und die Sonne versinkt am Hügel;
Schon winkt zur Sternenreise die Nacht.

Stille der Dörfer; es tönen rings
Die verlassenen Wälder. Herz,
Neige dich nun liebender
Über die ruhige Schläferin.

Der grüne Sommer ist so leise
Geworden und es läutet der Schritt
Des Fremdlings durch die silberne Nacht.
Gedächte ein blaues Wild seines Pfads,

Des Wohllauts seiner geistlichen Jahre!

HILDE DOMIN
Spätsommer

Da du die Zeitung liest
sehe ich das Gras an,
grünes neues Gras
unter dem gelben.

Wenn du sehr liebst,
werden die Haare wieder dunkel.
Wenn du sehr liebst,
werden die Haare weiß.

CHRISTINE BUSTA

Ende August vor einem Bahnhof

Dunstig vergeht der Mond.
Es riecht nach Birkenblättern und Gras.
Im Postamt ernten sie Schicksal in Säcke,
ruhlos pochen die blinden Stempel
und dahinter in labyrinthischer
Nacht erwarten die Züge das Zeichen.
Aus den Schwärmen der Ankunft und Abfahrt
löst sich ein stiller Fremder, der Herbst.

ERICH FRIED

Der Sommer geht zur Neige

Wo der Weg vergeht
und das Holzkreuz steht,
hockt der Tod und klagt, daß wir nicht kommen.

Wir, du und ich,
kommen sicherlich,
haben nur den Weg durchs Feld genommen.

Blumen im Feld,
grüßt mir die Welt
mit den Menschen und den Tieren allen.

Wenn man euch fragt,
nickt im Wind und sagt,
unser Leben hat uns nicht gefallen.

ROSE AUSLÄNDER

Spätsommer

Die Farben der Anemonen
werden bleich

Mach dir nichts vor
es geht zu Ende

Unsichtbare Raubtiere
schleichen
um deine Lebenslust

Angst durchbohrt
deinen Sommertraum

Bald
blühen Eisblumen

Erfinde
ein Apfellied

Der Sommer war versengt
fahl im August ein überangestrengtes Licht
das seine Schatten gegen Abend
schickt so daß man vor dem eigenen
erschrickt
der schleicht sich
um die Häuserecke geknickt dann
schnellt er lang aus mir
heraus ein Schattenmesser
das den Weg aufritzt
wenn ich ihn fliehe
bleibt er draußen
stehn jagt mich
im Schlaf frißt
mich im Gehn

FRIEDERIKE MAYRÖCKER
August

metallisch klingt der Morgen auf
ein Sehnen faszt die Welt
da stürzen Lüfte sich zuhauf
von Silberseen umwellt

ein Frühkusz stürzt nachsommersüsz
wie eine Sonn' herab
ein reifer Blütenleib den blies
der Wind ins Grab

Vorm Springbrunnenstrahl

Der Sommer brennt nicht mehr auf meine Haut,
Ich habe viel zu lang in die Ferne geschaut,
Daß mich das nächste Gartenbeet nicht mehr kennt,
Und mich der alte Buchsbaum schon Fremdling nennt.
Wie der Strahl des Springbrunnens sprang ich einmal
Hinein in den luftblauen Sommersaal.
Und fiel zurück und sprang von neuem auf gut Glück,
Wie ein springender Baum in der Bäume Zahl;
Und sprang doch nur täglich dasselbe Stück,
Wie der Springbrunnenstrahl, immer hoch und zurück.
Ich stehe noch immer am selben Teich,
Ringsum sommert dunkel das Blätterreich.
Viele Sommer streiften ab ihre grünen Häute;
Doch der Springbrunnen tanzt noch für die gaffenden Leute,
Und die gelben Fische schwimmen noch ihren Schatten nach
Und wedeln drunten in ihrem glashellen Gemach.
Mir ist, ich stehe seit meiner ersten Lebensstund'
Hier am durchsichtigen Teich und sehe zum Grund,
Bald zur Höhe ins Kahle, und bald in die flache Wasserschale;
Indessen mein Blut verbraust, gleich dem scharfen Strahle,
Der aus der Erde saust und sich losreißt als ein schäumender Geist,
Und dem doch nie gelingt, daß er vom Platz fortspringt;
Der seinen Satz hinsingt mit neuem Munde, immer wieder heftig und kurz,
Und nichts der Höhe abringt, als jede Sekunde seinen eigenen Sturz.

Ich sehe rot

Ich sehe rot.
Es will es der Garten so:
Canna und Dahlie.
Das Rostrot der Rotkehlchenkehle.
Ein Farbton, ein Märchen lang
wie dieses Rotkäppchen der Brüder Grimm –
es leuchtet die rote Kappe des Mädchens.
Alles ging noch einmal gut aus:
Perrault sah nichts als den Schrecken.
Ich sehe rot:
die Tracht des Henkers,
die Hansaflagge, im Mittelalter
Sturmfarbe des Deutschen Reiches.
Immer geht es
um Leben und Tod:
Scharlach, Zinnober, Karmin und Koralle,
eine Sättigung, sinnlich genug
zwischen Mann und Frau.
Ich sehe rot für das Leben –
Signal für Gefahr, die Rote Kapelle,
Rote Erde: mein Land unterm Schuh,
roter Faden, den ich nicht
aus dem Blick lasse – :
So sehe ich, sehe rot
das Haar einer Freundin, die
grünlichen Augen dazu: schön Rotraut.
Ach, Sozialismus, ach, Revolutionen:
noch gestern die alte Farbe
einer Utopie! Oder sehe ich recht,
wenn ich sage: dieser einzigen
Wirklichkeit?

Rot sage ich, weil Blut floß
und Staaten entstanden, Versuche,
eine Welt zu verändern, utopisch.
Und man schüttelt sich jetzt,
sei's aus Entsetzen, sei's Trauer. –
Rot fassungslos: eine Gartenfarbe, nichts anderes.
Es blühen die Dahlien. Der Herbst kommt.

CHRISTIAN MORGENSTERN
Ein einunddreißigster August

Das war der letzte leuchtende August;
der Sommer gipfelte in diesem Tage.
Und Glück erklang wie eine Seegrundsage
in den Vinetatiefen unsrer Brust.

Ein leises fernes Läuten kam gegangen –
und welche wollten selbst die Türme sehn,
in denen unsres Glückes Glocken schwangen:
so klar ließ Flut und Himmel sie verstehn.

Der Tag versank. Mit ihm Vinetas Stunde.
Septembrisch ward die Welt, das Herz, das Glück.
Ein Rausch nur wie von Tönen blieb zurück
und schwärmt noch über dem verschwiegenen Grunde.

Verzeichnis der Autorinnen und Autoren und Druckvorlagen

ROSE AUSLÄNDER (1901–1988)

41 R. A.: Gesammelte Werke in sieben Bänden. Hrsg. von Helmut Braun. [Bd. 2:] Die Sichel mäht die Zeit zu Heu. Gedichte 1957–1965. Frankfurt a. M.: S. Fischer, 1985. S. 254. – © 1985 S. Fischer Verlag GmbH, Frankfurt am Main.

65 R. A.: Gesammelte Werke in sieben Bänden. Hrsg. von Helmut Braun. [Bd. 5:] Ich höre das Herz des Oleanders. Gedichte 1977–1979. Frankfurt a. M.: S. Fischer, 1984. S. 258. – © 1984 S. Fischer Verlag GmbH, Frankfurt am Main.

JÜRGEN BECKER (geb. 1932)

45 J. B.: Erzähl mir nichts vom Krieg. Gedichte. Frankfurt a. M.: Suhrkamp, 1977. S. 48. – © Suhrkamp Verlag Frankfurt am Main 1977. Alle Rechte bei und vorbehalten durch Suhrkamp Verlag Berlin.

GOTTFRIED BENN (1886–1956)

20 G. B.: Statische Gedichte. Hrsg. von Paul Raabe. Zürich: Arche Verlag, 1983 [u. ö]. S. 59. – © 1948, 2006 Arche Literatur Verlag, Zürich – Hamburg 1948; 2006.

URIEL BIRNBAUM (1894–1956)

16, 47 U. B.: Eine Auswahl. Gedichte. Amsterdam: Erasmus Buchhandlung, 1957. (1) S. 6 f. (2) S. 302 f. – © 1957 Erasmus Boekhandel, Amsterdam.

NICOLAS BORN (1937–1979)

22 N. B.: Gedichte 1967–1978. Reinbek b. Hamburg: Rowohlt, 1983. S. 223. – © Wallstein Verlag GmbH, Göttingen.

ROLF DIETER BRINKMANN (1940–1975)
62 R. D. B.: Westwärts 1 & 2. Gedichte. Mit Fotos und Anm. des Autors. Erw. Neuausg. Reinbek b. Hamburg: Rowohlt, 2005. S. 35. – Copyright © 2005 Rowohlt Verlag GmbH, Reinbek bei Hamburg.

WILHELM BUSCH (1832–1908)
26 W. B.: Sämtliche Werke und eine Auswahl der Skizzen und Gemälde in 2 Bänden. Hrsg. von Rolf Hochhuth. Bd. 2: Was beliebt ist auch erlaubt. Gütersloh: Bertelsmann, 1982. S. 751.

CHRISTINE BUSTA (d. i. Christine Dimt; 1915–1987)
30 Ch. B.: Unterwegs zu älteren Feuern. Gedichte. Salzburg: Müller, [3]1995. S. 14. – © Otto Müller Verlag, 3. Auflage, Salzburg 1995.
42 Ch. B.: Der Regenbaum. Gedichte. Salzburg: Müller, [2]1995. S. 83. – © Otto Müller Verlag, Salzburg, 2. Auflage, Salzburg 1995.
64 Ch. B.: Die Scheune der Vögel. Gedichte. Salzburg: Müller, [3]1995. S. 69. – © Otto Müller Verlag, 3. Auflage, Salzburg 1995.

MAX DAUTHENDEY (1867–1918)
67 M. D.: Weltspuk. Lieder der Vergänglichkeit. München: Langen, 1910. S. 106 f.

KLAUS DEMUS (geb. 1927)
53 K. D.: Landwind. Gedichte. Wien: Löcker Verlag, 1996. S. 106. – © 1996 Löcker Verlag / Erhard Löcker GmbH, Wien.

HILDE DOMIN (1909–2006)
63 H. D.: Sämtliche Gedichte. Hrsg. von Nikola Herweg und Melanie Reinhold. Mit einem Nachw. von Ruth Klüger. Frankfurt a. M.: S. Fischer, [4]2010. S. 233 f. – © S. Fischer Verlag GmbH, Frankfurt am Main 2009.

ALBERT EHRENSTEIN (1886–1950)
26 A. E.: Werke. Hrsg. von Hanni Mittelmann. Bd. 4/1: Gedichte. Grafrath b. München: Boer, 1997. S. 51. – © Wallstein Verlag, Göttingen.

GÜNTER EICH (1907–1972)

61 G. E.: Gesammelte Werke in vier Bänden. Bd. 1: Die Gedichte. Die Maulwürfe. Hrsg. von Axel Vieregg. Frankfurt a. M.: Suhrkamp, 1991. S. 106 f. –

JOSEPH VON EICHENDORFF (1788–1857)

44 J. v. E.: Gedichte. Hrsg. von Peter Horst Neumann in Zsarb. mit Andreas Lorenczuk. Stuttgart: Reclam, 1997. (Reclams Universal-Bibliothek. 7925.) S. 103 f.

HANS MAGNUS ENZENSBERGER (geb. 1929)

33 H. M. E.: Die Furie des Verschwindens. Gedichte. Frankfurt a. M.: Suhrkamp, 1980. S. 26. –

ERICH FRIED (1921–1988)

64 E. F.: Gesammelte Werke. Gedichte 1. Hrsg. von Volker Kaukoreit und Klaus Wagenbach. Berlin: Wagenbach, 1993. S. 15. –

ROBERT GERNHARDT (1937–2006)

31 R. G.: Im Glück und anderswo. Gedichte. Frankfurt a. M.: Fischer Taschenbuch Verlag, 2004. S. 91 f. –

GÜNTER GRASS (geb. 1927)

23 G. G.: Sämtliche Gedichte. Hrsg. von Werner Frizen. Göttingen: Steidl, 2007. S. 617. –

KLAUS GROTH (1819–1899)

55 Klaus Groth's gesammelte Gedichte. Bd. 4. Kiel/Leipzig: Lipsius & Tischer, 1893. S. 186 f. [Die Orthographie wurde behutsam modernisiert.]

PETER HÄRTLING (geb. 1933)

41 P. H.: Gesammelte Werke. Hrsg. von Klaus Siblewski. Bd. 8: Gedichte. Köln: Kiepenheuer & Witsch, 1999. S. 106. –

PETER HAMMERSCHLAG (1902–1942)

23, 35 P. H.: Steif weht die Brise von der Postsparkassa. Grotesk-Gedichte und Gelegenheitsprosa. Eingel. und hrsg. von Gerhard Bronner. Wien/Hamburg: Zsolnay, 1984. (1) S. 50 f. (2) S. 20 f.

HERMANN HESSE (1877–1962)

37, 54 H. H.: Sämtliche Werke in 20 Bänden. Hrsg. von Volker Michels. Bd. 10: Die Gedichte. Frankfurt a. M.: Suhrkamp, 2002. (1) S. 318 f. (2) S. 250. –

ERNST JANDL (1925–2000)

20 E. J.: poetische werke in 10 bänden. Hrsg. von Klaus Siblewski. Bd. 3: sprechblasen. verstreute gedichte 3. München: Luchterhand Literaturverlag, 1997. S. 88.

28 Ebd. Bd. 1: Andere Augen. verstreute gedichte 1. deutsches gedicht. München: Luchterhand Literaturverlag, 1997. S. 32.

ERICH KÄSTNER (1899–1974)

18 E. K.: Die 13 Monate. Zürich: Atrium-Verlag, 1955. S. 32 f. –

NORBERT C. KASER (1947–1978)

29 N. C. K.: Gesammelte Werke. In Verb. mit dem Forschungsinstitut Brenner-Archiv […] hrsg. von Hans Haider. Bd. 1: Gedichte. Bearb. von Sigurd Paul Scheichl unter Mitarb. von Robert Huez. Innsbruck: Haymon, 1988. S. 97 f. –

DIANA KEMPFF (1945–2005)
57, 66 D. K.: Die fünfte Jahreszeit. Gedichte. Salzburg/Wien: Residenz Verlag, 1995. (1) S. 31. (2) S. 22.

WULF KIRSTEN (geb. 1934)
59 W. K.: Stimmenschotter. Gedichte 1987–1992. Zürich: Ammann, 1993. S. 54 f. –

THEODOR KRAMER (1897–1958)
43, 52, 60 Th. K.: Gesammelte Gedichte 1. Hrsg. von Erwin Chvojka. Wien/München/Zürich: Europaverlag, 1984. (1) S. 470. (2) S. 587. (3) S. 477. –

KARL KROLOW (1915–1999)
68 K. K.: Gesammelte Gedichte. Frankfurt a. M.: Suhrkamp, 1975. S. 203. –

ELSE LASKER-SCHÜLER (1869–1945)
38 E. L.-Sch.: Werke und Briefe. Kritische Ausgabe. Bd. 1: Die Gedichte. Frankfurt a. M.: Jüdischer Verlag, 1996. S. 66. –

CHRISTINE LAVANT (1915–1973)
40 Ch. L.: Die Bettlerschale. Gedichte. Salzburg: Müller, 1991 [u. ö.]. S. 33. –

NIKOLAUS LENAU (d. i. Nikolaus Franz Niembsch Edler von Strehlenau; 1802–1850)
32 N. L.: Werke in einem Band. Ausgew. von Walter Dietze. Eingel. von Reiner Schlichting. Textrevision und Anm. von Heinz Arnold. Berlin/Weimar: Aufbau-Verlag, [3]1981. S. 187 f.

ALFRED LICHTENSTEIN (1889–1914)

27 A. L.: Gesammelte Gedichte. Hrsg. von Klaus Kanzog. Zürich: Arche, 1962. S. 67 f.

FRIEDERIKE MAYRÖCKER (geb. 1924)

34, 39, 66 F. M.: Gesammelte Gedichte 1939–2003. Hrsg. von Marcel Beyer. Frankfurt a. M.: Suhrkamp, 2004. (1) S. 446 f. (2) S. 549 f. (3) S. 7. –

CHRISTOPH MECKEL (geb. 1935)

13 Ch. M.: Ungefähr ohne Tod im Schatten der Bäume. Ausgewählte Gedichte. Zsgest. und mit einem Nachw. von Lutz Seiler. München/Wien: Hanser, 2003. S. 17–19. –

CHRISTIAN MORGENSTERN (1871–1914)

44, 53, 69 Ch. M.: Gesammelte Werke in einem Band. Hrsg. von Margareta Morgenstern. München: Piper, 1965. (1) S. 129 f. (2) S. 535. (3) S. 138.

HEINER MÜLLER (1929–1998)

37 H. M.: Werke. Hrsg. von Frank Hörnigk. Bd. 1: Die Gedichte. Frankfurt a. M.: Suhrkamp, 1998. S. 92. –

HELGA M. NOVAK (1935–2013)

15, 47 H. M. N.: wo ich jetzt bin. Gedichte. Ausgew. von Michael Lentz. Frankfurt a. M.: Schöffling, 2005. (1) S. 43 f. (2) S. 201. –

NOVALIS (d. i. Friedrich Freiherr von Hardenberg; 1772–1801)

50 N.: Werke. Fouqués Undine. Krit. durchges. und erl. Ausg. Hrsg.

von J. Dohmke. Leipzig/Wien: Bibliographisches Institut, 1897. S. 48 f. [Die Orthographie wurde behutsam modernisiert.]

JOACHIM RINGELNATZ (d. i. Hans Bötticher; 1883–1934)
28, 49 J. R.: und auf einmal steht es neben dir. Gesammelte Gedichte. Zürich: Diogenes, 1994. (1) S. 375. (2) S. 413.

EUGEN ROTH (1895–1976)
21, 54 E. R.: Sämtliche Werke. Bd. 3: Gedichte. München: Hanser, 1977. (1) S. 339. (2) S. 273. –

FERDINAND VON SAAR (1833–1906)
46 F. v. S.: Auswahl aus dem lyrischen Werk. Bd. 4: Wiener Elegien und Gedichte. Wien: Amandus, 1962. S. 32.

THEODOR STORM (1817–1888)
35 Th. St.: Sämtliche Werke. Neue Ausgabe in fünf Bänden. Bd. 5. Braunschweig: Westermann, 1917. S. 285.

GEORG TRAKL (1887–1914)
63 G. T.: Werke. Entwürfe. Briefe. Hrsg. von Hans-Georg Kemper und Frank Rainer Max. Nachw. und Bibl. von Hans-Georg Kemper. Stuttgart: Reclam, 1984 [u. ö.]. (Reclams Universal-Bibliothek. 8251.) S. 88 f.

KURT TUCHOLSKY (1890–1935)
25 K. T.: Gesammelte Werke in 10 Bänden. Hrsg. von Mary Gerold-Tucholsky und Fritz J. Raddatz. Bd. 4. Reinbek b. Hamburg: Rowohlt Taschenbuch Verlag, 1975. S. 534.

CARL ZUCKMAYER (1896–1977)
18, 45 C. Z.: Abschied und Wiederkehr. Gedichte 1917–1976. Hrsg. von Knut Beck und Maria Guttenbrunner-Zuckmayer. Frankfurt a. M.: Fischer Taschenbuch Verlag, 1997. (Gesammelte Werke in Einzelbänden.) (1) S. 135. (2) S. 116. –

UNICA ZÜRN (1916–1970)

57 U. Z.: Gesamtausgabe in 8 Bänden. Bd. 1: Anagramme. Hrsg. von Günter Bose und Erich Brinkmann. Berlin: Brinkmann & Bose, 1988. S. 108. – Mit Genehmigung des Verlags Brinkmann & Bose, Berlin.